Für meine Eltern und für Malte.

Friederike Dammermann

Wenn LINE nachts NICHT SCHLAFEN kann ...

EDITION PASTORPLATZ

Dunkel ist es draußen.
Line liegt in ihrem Bett und kann nicht schlafen.
Schafe hat sie gezählt.
Hin- und hergewälzt hat sie sich.
Aber es hilft alles nichts.
Warum kann Line nicht einschlafen?
Ihr fehlen ihre Freunde, die Kuscheltiere.
Wo sind sie alle bloß?

Line klettert aus dem Bett, um ihre Kuscheltiere zu suchen. Im Halbdunkel ihres Zimmers schaut sie umher. Alles ist still.

Plötzlich stutzt sie. Hat sich da nicht was bewegt?
Ja, das ist doch Tiger Eddies Ringelschwanz,
der dort aus der Schublade lugt!

„Ach, wie schön, da bist du ja!", ruft Line.
Eddies Fell ist weich und warm.

Fest drückt sie ihn an sich.
„War das nicht ein aufregender
Tag heute?"

„Es war toll heut im Zirkus!", ruft Line. „Viele Leute, viel Musik, große Show. Deine Sprünge in der Manege waren grandios! Aber auch Bob, der Bär, war gut in Form."

„Papperlapapp", winkt Eddie lässig ab. „Das war doch gar nichts. Schließlich sind wir von Beruf nicht nur Kuscheltiere. Von weit her kommen wir: Da gibt es vieles zu erzählen."

„Ja, genau!", ruft Bob, der Bär,
aus dem Hintergrund.

„Ich wohne in den weiten Wäldern Kanadas.
Komm, wir gehen dort gemeinsam wandern."
Überall hört man es rascheln, ruscheln, tuscheln.
Bob kennt alle Stimmen der Tiere. Er zeigt Line den Weg.

„Also, ich bin jetzt müde",
brummt Bob schließlich.

Er tapst zu Tiger Eddie ins Bett.

Auch Fridolin, der Pinguin, hat eine Geschichte zu erzählen
und wickelt Line erst einmal einen dicken Schal um den Hals.
„Weither vom Südpol komme ich. Dort ist es kalt,
du ahnst es nicht … Schnee und Eis das ganze Jahr."
Gemeinsam schlittern sie über das Eis.

Irgendwann ist Fridolin müde wie ein Pinguin und watschelt ins Bett.

„Bist du schon mal im Amazonas geschwommen?", möchte plötzlich das Krokodil Gertrude wissen. Gemeinsam tauchen sie ab und Line entdeckt in der Tiefe viele fremde Pflanzen und Tiere – und nicht nur die.
„Was glaubst du, wo ich meine Klunker herhabe?", bemerkt Gertrude etwas keck.

Dann kriecht sie zu Fridolin und den anderen ins Bett.

Im Dschungel
kreischt Albert
aus dem tiefen
Dickicht.

Meilenweit ist der alte Affe
zu hören. Kein Wunder, dass er da kein Telefon braucht.
„Schau mal, Line, wie gut man sich hier an den Ästen
entlanghangeln kann." Line tut es ihm nach.

Schließlich schwingt auch Albert
sich elegant in Lines Bett.

„Törö, törö!" Erika ist bester Laune. Bei ihr in
Afrika ist es ganz schön heiß, da tut ein Bad am
Abend richtig gut. Auch Line freut sich, als sie von
der Elefantin nass gespritzt wird.

Aber selbst in Afrika sinkt irgendwann die Sonne. Erika stapft in Lines Bett. Tiger Eddie, Bob, der Bär, Pinguin Fridolin, Krokodil Gertrude und Affe Albert müssen ganz schön zusammenrücken, damit die dicke Erika dort Platz findet.

Im Wald rennt Balthasar, der Hase,
zwischen den Bäumen hindurch.
Die Blätter rauschen, die Vögel zwitschern,
Igel rascheln im Gestrüpp. „Komm, spiel
mit mir Verstecken", ruft Balthasar.
„Au ja", erwidert Line begeistert und
verbirgt sich hinter einer besonders dicken
Eiche. Als Balthasar sie schließlich findet,
freut Line sich.

„So, jetzt musst du aber auch ins Bett", sagt sie.

Sind Lines Freunde jetzt alle schon im Bett? Nein, da
fehlt doch noch jemand! Line schaut unter ihr Bett.
Dort entdeckt sie Frau Maus. „Kommst du? Ich bin
schon ganz schön müde."
„Alles klar", sagt Frau Maus. „Ich trink nur
meinen Tee noch aus."

Dicht an dicht liegen sie nun alle bei Line im Bett.
Balthasar und Eddie schlafen schon. Gertrude hat es
sich unten auf der Bettdecke gemütlich gemacht. Line
zieht Bob noch etwas fester an sich und drückt ihre
Nase in Alberts Fell.

„Jetzt hab ich euch ins Bett gebracht und sag
euch allen:
GUTE NACHT!"

Friederike Dammermann

Die Autorin & Illustratorin

Foto: Malte Wellnitz

Friederike Dammermann stammt aus Braunschweig. Sie hat in Hamburg und Bremen Kunst und Germanistik studiert und war in dieser Zeit irgendwie auch in New York, Paris und Nîmes, wenn auch nicht gleichzeitig. Seit dem Jahr 2002 arbeitet sie als Lehrerin in der Ostseestadt Flensburg. *Off school* geht es viel um Malerei – meist mit Acryl – und Illustration. Sie hatte schon immer ein Faible für Geschichten mit Kindern und Tieren; besonders gut kennt sie sich mit Tigern und Bären aus.

FSC
www.fsc.org
MIX
Papier aus verantwor-
tungsvollen Quellen
FSC® C043106

EDITION PASTORPLATZ

„Wenn Line nachts nicht schlafen kann" wird herausgegeben von der Edition Pastorplatz
(Mele Brink & Bernd Held GbR · Luisenstraße 52 · 52070 Aachen)
www.editionpastorplatz.de
www.facebook.com/edition.pastorplatz
www.twitter.com/ed_pastorplatz
Editionsnummer: 37 (Februar 2020)
ISBN 978-3-943833-37-9
1. Auflage
Idee, Text + Zeichnungen: Friederike Dammermann
Layout + Umsetzung: Bernd Held
Lektorat + Korrektorat: Angelika Lenz, Steinheim an der Murr

Druck: Grafisches Centrum Cuno GmbH & Co. KG, Calbe
Innenseiten: 140-g-Offsetpapier (FSC®-zertifiziert)
Umschlag: 135-g-Bilderdruckpapier (FSC®-zertifiziert)